Коли мені сумно

Сем Сагольський
Ілюстратор: Дарія Смислова

www.kidkiddos.com
Copyright ©2025 by KidKiddos Books Ltd.
support@kidkiddos.com

All rights reserved. No part of this book may be reproduced in any form or by any electronic or mechanical means, including information storage and retrieval systems, without written permission from the publisher, except in the case of a reviewer, who may quote brief passages embodied in critical articles or in a review.
First edition, 2025

Translated from English by Yelyzaveta Barsa
Переклад з англійської Єлизавети Барси

Library and Archives Canada Cataloguing in Publication
When I Am Gloomy (Ukrainian edition)/Shelley Admont
ISBN: 978-1-83416-615-5 paperback
ISBN: 978-1-83416-616-2 hardcover
ISBN: 978-1-83416-614-8 eBook

Please note that the Ukrainian and English versions of the story have been written to be as close as possible. However, in some cases they differ in order to accommodate nuances and fluidity of each language.

Одного хмарного ранку я прокинулася похмурою.

Я встала з ліжка, загорнулася в свою улюблену ковдру і пішла до вітальні.

– Мамо! – гукнула я. – У мене поганий настрій.

Мама підвела очі від книги:
– Поганий? Чому ти так кажеш, люба? – запитала вона.

– Поглянь на моє обличчя! – сказала я, вказуючи на свої нахмурені брови. Мама ніжно усміхнулася.

– У мене сьогодні нещасливе обличчя, – пробурмотіла я. – Ти все ще любиш мене, коли я похмура?

– Звичайно, люблю, – сказала мама. – Коли ти похмура, я хочу бути поруч з тобою, міцно тебе обіймати і підбадьорювати.

Від цього мені стало трохи легше, але лише на мить, тому що потім я почала думати про всі свої інші настрої.

– То… ти все ще любиш мене, коли я злюся?

Мама знов усміхнулася:
– Звісно, я люблю тебе.

– Ти впевнена? – запитала я, схрестивши руки.

– Навіть коли ти злишся, я все ще твоя мама.
І я люблю тебе так само.

*Я глибоко вдихнула:
— А як щодо того, коли я соромлюсь? — прошепотіла я.*

— Я люблю тебе, коли ти соромишся також, — сказала вона. — Пам'ятаєш, коли ти сховалася за мною і не хотіла розмовляти з новим сусідом?

Я кивнула. Я добре це пам'ятала.

– А потім ти привіталася і знайшла нового друга. Я так тобою пишалась.

– Ти все ще любиш мене, коли я ставлю забагато запитань? – продовжила я.

– Коли ти ставиш багато запитань, як зараз, я спостерігаю, як ти вчишся новому, що робить тебе розумнішою і сильнішою з кожним днем, – відповіла мама. – І так, я все ще люблю тебе.

– А що як мені зовсім не хочеться говорити? – продовжила питати я.

– Ходи сюди, – сказала вона. Я залізла їй на коліна і поклала голову їй на плече.

– Коли ти не хочеш говорити і просто хочеш помовчати, ти починаєш використовувати свою уяву. Мені подобається бачити, що ти створюєш, – відповіла мама.

Потім вона прошепотіла мені на вухо:
– Я також люблю тебе, коли ти мовчиш.

– Але чи ти все ще любиш мене, коли я боюсь? – запитала я.

– Завжди, – сказала мама. – Коли ти налякана, я допомагаю тобі переконатись, що під ліжком і в шафі немає монстрів.

Вона поцілувала мене в лобик:
– Ти така смілива, моє серденько.

— І коли ти втомлена, — м'яко додала вона, — я вкриваю тебе твоєю ковдрою, приношу тобі твого плюшевого ведмедика і співаю тобі нашу особливу пісеньку.

– А що як у мене забагато енергії? – запитала я, скочивши на ноги.

Вона засміялася:
– Коли ти сповнена енергії, ми катаємося на велосипеді, стрибаємо на скакалці або бігаємо надворі разом. Я люблю робити всі ці речі з тобою!

– Але чи любиш ти мене, коли я не хочу їсти броколі?
– я висуваю язик.

Мама засміялася:
– Як того разу, коли ти підкинула свою броколі Максу? Йому дуже сподобалось.

– *Ти бачила це? – запитала я.*

– *Звичайно, я бачила. І я все ще люблю тебе, навіть тоді.*

Я задумалася на мить і потім поставила одне останнє запитання:

– Мамо, якщо ти любиш мене, коли я похмура або зла... ти все ще любиш мене, коли я щаслива?

– Ох, серденько, – сказала вона, знову мене обіймаючи, – коли ти щаслива, я також щаслива.

Вона поцілувала мене в лобик і додала:
– Я люблю тебе, коли ти щаслива, так само, як я люблю тебе, коли ти сумна, зла, сором'язлива чи втомлена.

*Я близенько притулилася й усміхнулася:
– Отже... ти любиш мене весь час? – запитала я.*

– Увесь час, – сказала вона. – Кожен настрій, кожен день, я люблю тебе завжди.

Поки вона говорила, я почала відчувати щось тепле у своєму серці.

Я виглянула на вулицю і побачила, як хмари розступилися. Небо ставало блакитним і виходило сонечко.

Здавалося, що день все ж таки буде чудовим.

www.ingramcontent.com/pod-product-compliance
Lightning Source LLC
LaVergne TN
LVHW072010060526
838200LV00010B/323